„Ja!" – „Nun marsch, zur Schule gehn!"
„Mütterchen, auf Wiedersehn!"

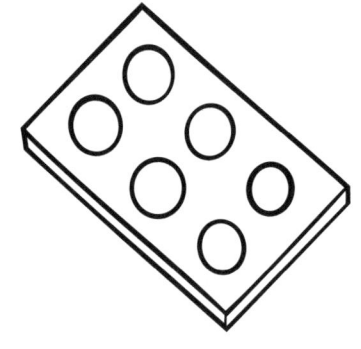

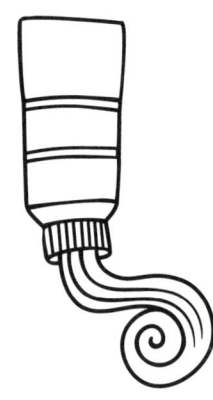

Hasenhans und Hasengretchen
gehen lustig Pfot' in Pfötchen.

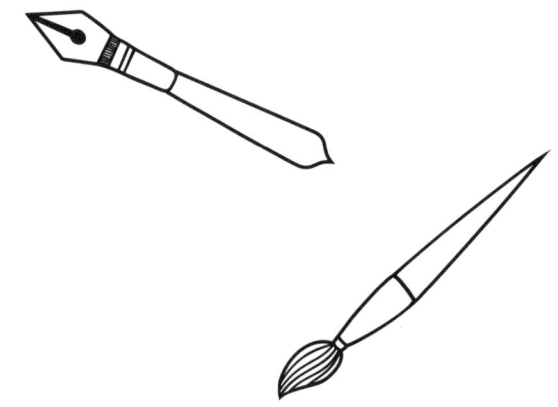

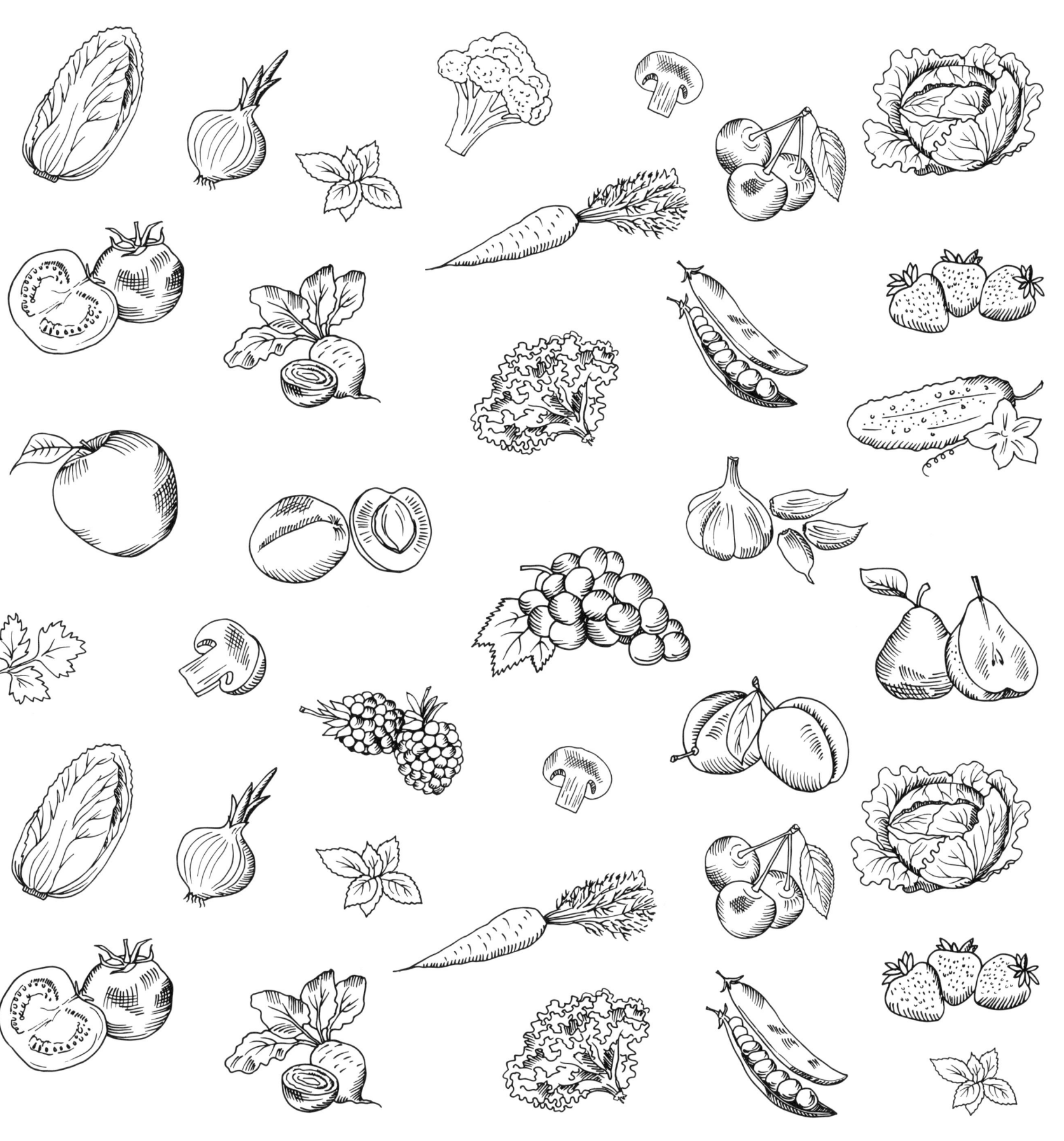

Hops, noch über diese Quelle!
Hei, sie sind an Ort und Stelle!

Artig faltet man die Hände,
bis das Frühgebet zu Ende.

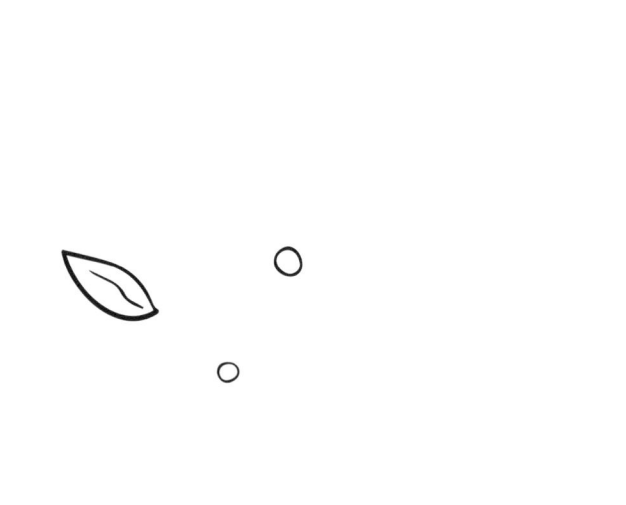

Nun beginnt die erste Stunde,
Häschen haben Pflanzenkunde.

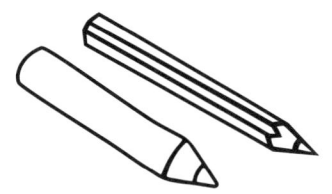

Und die kleine Gretel denkt:
„Wenn er mich nur nicht mal fängt!"

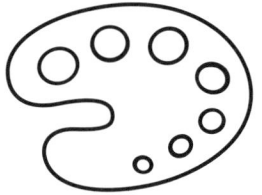

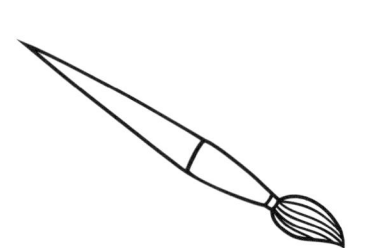

Seht, wie ihre Augen strahlen,
wenn sie lernen Eier malen!

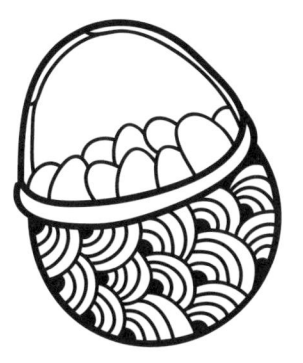    

Wenn die Pause nun beginnt,
geht's zur Wiese wie der Wind.

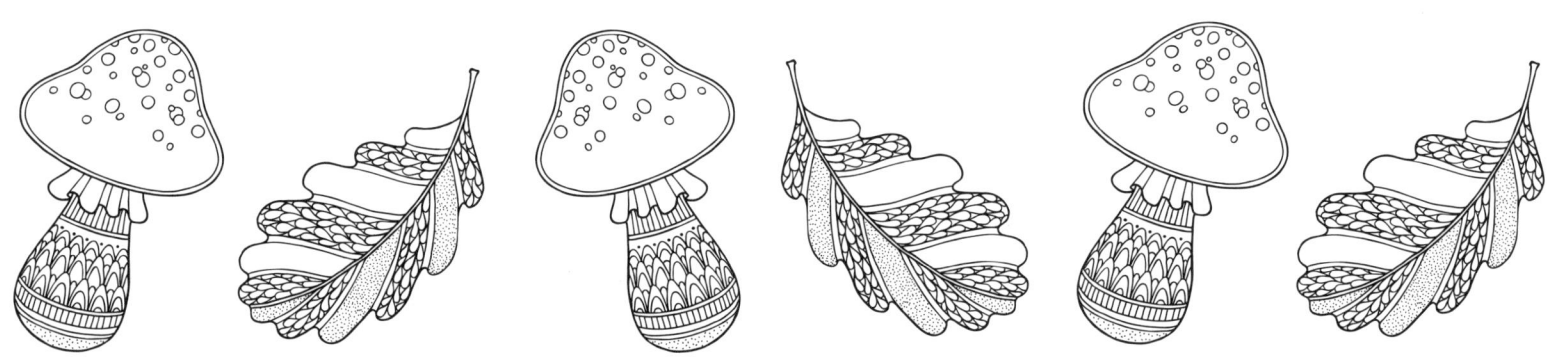

Hasenmax, der Bösewicht,
konnte heut sein Verschen nicht.

Durch die Sommerlüfte zieht
manch ein schönes Hasenlied.

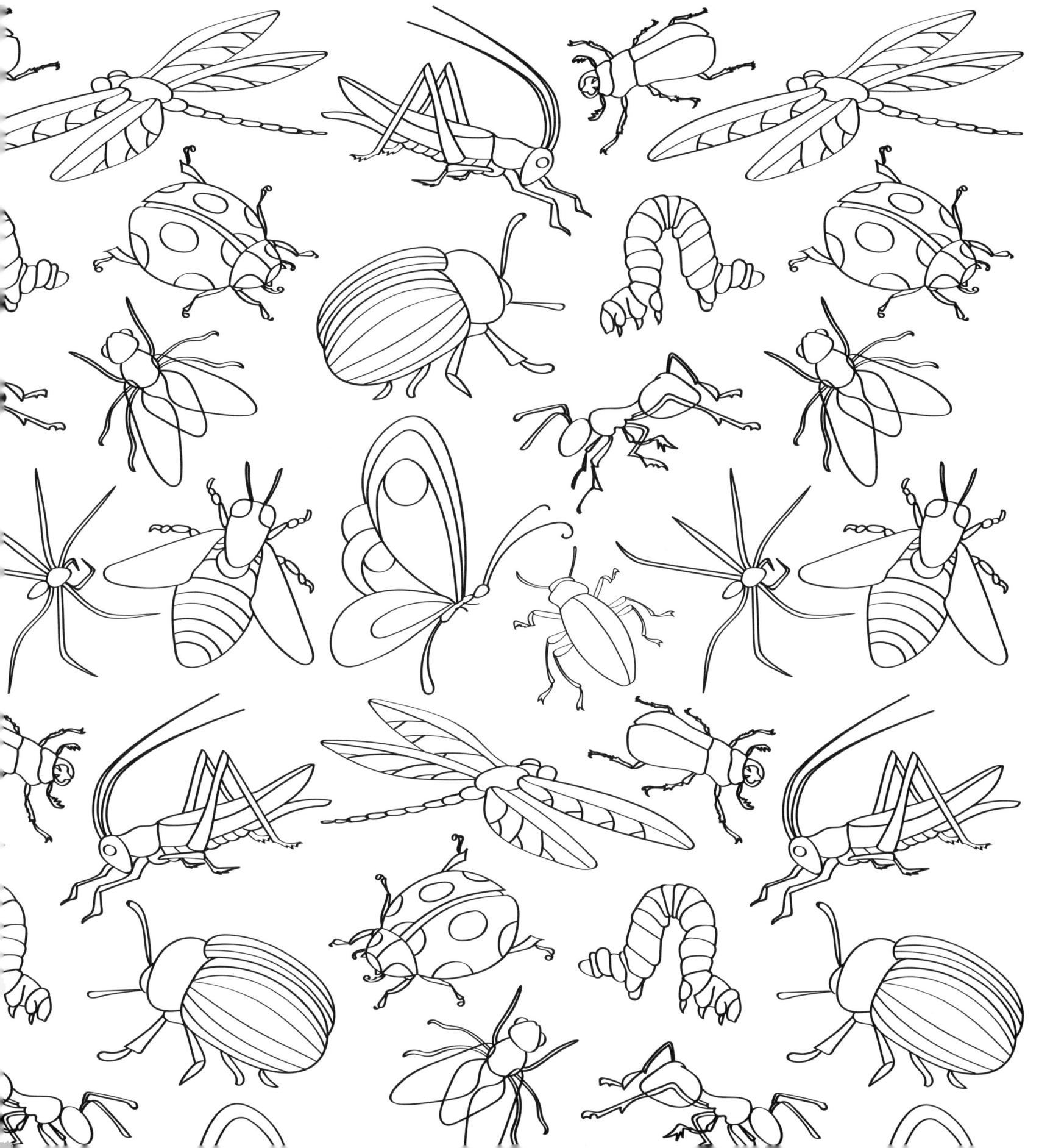

Mädchen hocken vor den Beeten,
um das Unkraut auszujäten.

In der allerletzten Stunde
turnen sie im Waldesgrunde.

Endlich spricht der Lehrersmann:
„Liebe Häschen, tretet an!"

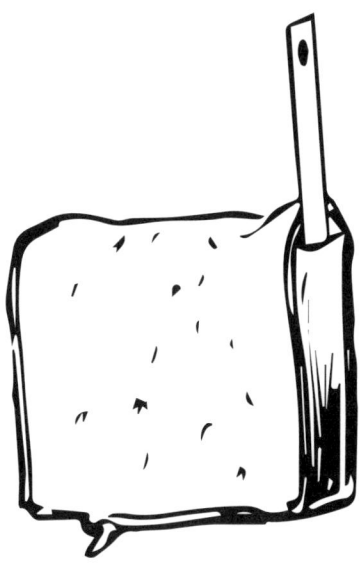

Huhuhu! Es ist der Fuchs!
Augen leuchten wie beim Luchs.

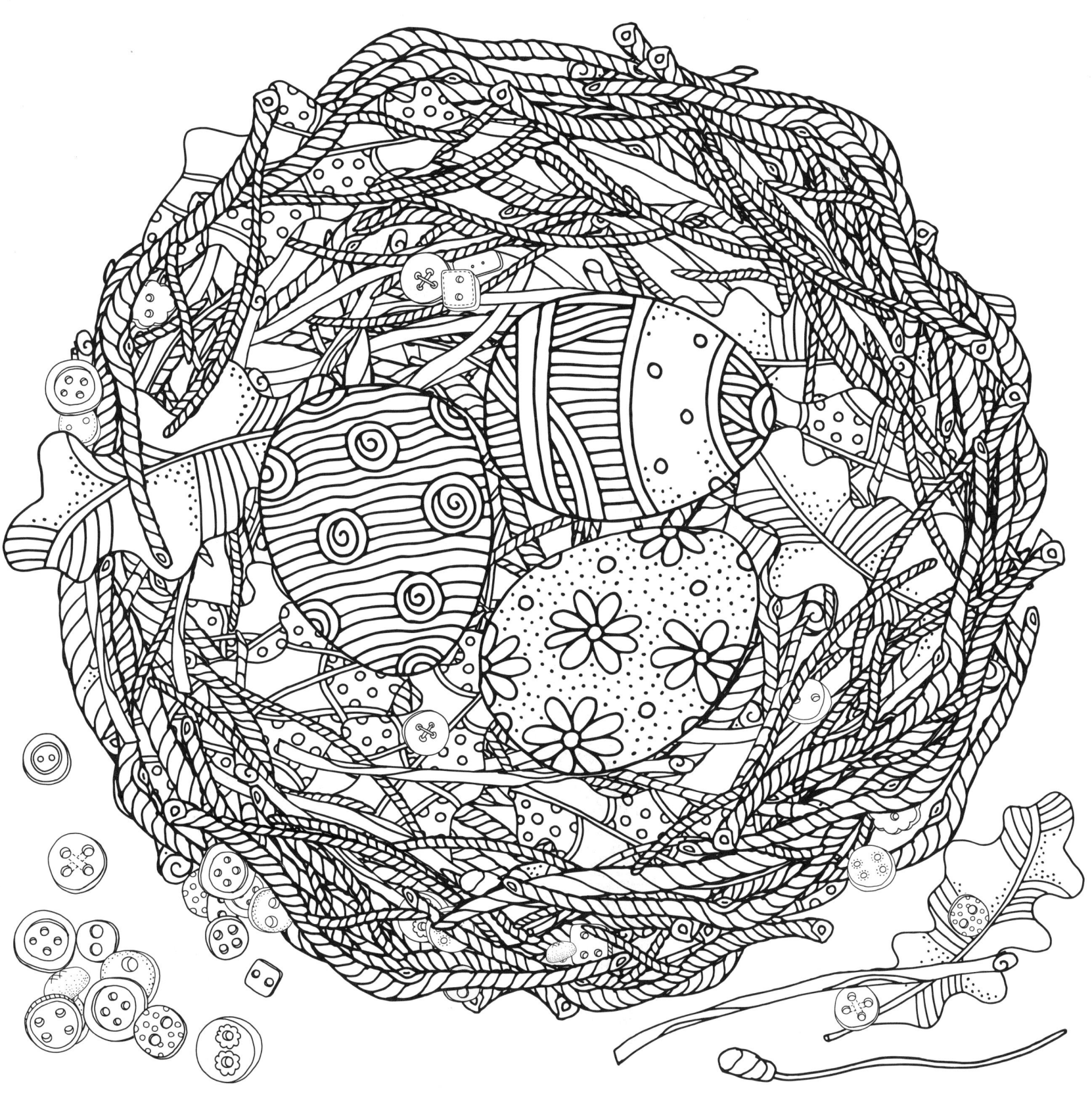

Kohlgemüse, Kressenblatt,
ei, da essen sie sich satt!

Und der Lehrer fragt geschwind,
welche Kräuter essbar sind.

DIE O
HASC
SCHU

Bildnachweis: © fotolia: Hulinska Yevheniia: Einband, S. 72; tanvetka: Einband, S. 72; Patrick Meider: Einband, S. 24/25, 72; ARTvektor: S. 1, 76/77; ipanki: S. 2, 17, 22, 44, 64, 68, 75; ederella: S. 4; balabolka: S. 5; Natality: S. 6/7; photo-nuke: S. 9, 18/19, 24, 29, 35, 59, 63, 70/71; miluwa: S. 10/11, 45; ONYXprj: S. 12/13, 66/67; val_iva: S. 14/15, S. 39; Betelgejze: S. 16, 34; leezarius: S. 20/21; bokasana: S. 23, 33; irinakrivoruchko: S. 32, 42/43; vladimir_karpenyuk: S. 30/31; MarinaMandarina: S. 36/37; Epine: S. 46/47; egorka87: S. 50/51; memoru: S. 52/53; maria_morozova: S. 56; Zhemchuzhina: S. 58; verock: S. 60; Alexander Pokusay: S. 78/79. © iStock: Natality: Einband, S. 72; elfiny: Einband, S. 54/55, 65, 72; mis_Tery: S. 26/27, 38; Diane Labombarbe: S. 40, 41; kiyanochka: S. 49; Irinka_Spirid: S. 57; natasha-tpr: S. 69, 74.

Die Häschenschule – Das Malbuch aus der Häschenschule
ISBN 978-3-480-40161-1

Grafische Gestaltung: Pia Rebhorn, Vanessa Görz
Reproduktion: Schwabenrepro GmbH, Stuttgart
Druck und Bindung: Livonia Print, Riga, Lettland